LES MAIRES

ET LES ÉCOLES

PENDANT LE SIÉGE

PAR

MAURICE LE SAGE

PRIX : 40 CENTIMES

PARIS
CHARLES DOUNIOL, LIBRAIRE-ÉDITEUR
29, RUE DE TOURNON

Novembre 1870

LES MAIRES ET LES ÉCOLES

PENDANT LE SIÉGE

C'est l'erreur héréditaire de tous les partis, qu'un mouvement politique porte au pouvoir, de croire que le salut de la patrie dépend du triomphe de leurs opinions particulières. Rien de plus naturel que ce raisonnement : « Puisque le pays, mécontent du régime que nous remplaçons, nous a choisis pour le remplacer, c'est apparemment que nos idées sont les idées du pays. Hâtons-nous donc de les appliquer. De tous nos livres, dissertations et systèmes, vite faisons des décrets ! L'opinion est si changeante ! demain peut-être elle aura tourné contre nous ; mais du moins nos lois resteront et le pays sera sauvé.

Oui, ce raisonnement est naturel, parce que l'amour-propre, la naïveté, l'outrecuidance le sont aussi. Mais il est permis de s'étonner que des esprits distingués n'aient pas encore appris à en reconnaître la fausseté.

Si la liberté, les droits du peuple, la garantie des intérêts de tous sont quelque chose ; si le bien public est la véritable raison du pouvoir ; si toutes les idées qu'on a coutume aujourd'hui de rattacher au nom de République, mais qui sont, à bien prendre, le fonds commun de tout gouvernement honnête, ne sont pas de vains mots, le rôle de l'autorité n'est pas de servir d'instrument à messieurs tels et tels, pour imposer à la nation l'application des théories qui leur sont chères, mais bien de favoriser le libre jeu des institutions nationales, le libre exercice de l'activité privée, la libre expression des tendances et des opinions particulières, sous la garantie de la paix publique et du respect de la Loi.

Si un parti perd le pouvoir, c'est qu'il a manqué à ce programme au profit de ses vues et de ses désirs ; si un autre parti est appelé à gouverner en sa place, c'est pour mieux jouer le rôle impersonnel que l'autre n'a pas su comprendre ou accepter.

Si les hommes du 4 septembre ont prétendu fonder la République en France, ils devaient, avant toute chose, donner l'exemple de ce désintéressement nécessaire. S'ils se contentaient d'un titre provisoire et d'une mission de *défense nationale*, l'obligation devenait pour eux plus étroite encore d'éviter tout ce qui pouvait ressembler à une intervention personnelle et égoïste dans les affaires intérieures du pays.

L'ont-ils fait ? Ce n'est pas ici le lieu de poser et de résoudre cette question générale. Mais puisque, contre tout droit et contre toute attente, des hommes, chargés uniquement de chasser l'étranger, ont mis la main sur les intérêts sacrés de l'enseignement populaire ; puisque, parmi les inquiétudes d'un siége, dans la capitale devenue un camp, ils ont trouvé le loisir et pris la liberté de s'occuper des écoles, il appartient à tous les citoyens de juger leur conduite, et l'appréciation de ce qu'ils ont fait en cette matière ne saurait être indifférente à personne.

La question scolaire a été soulevée dans plusieurs arrondissements de Paris; mais on ne saurait disputer au XIe le double honneur d'avoir, le premier, servi de théâtre au zèle intolérant des ennemis de la liberté, et d'être le seul dans lequel les mesures annoncées ailleurs avec éclat aient été entièrement exécutées.

Lors de l'investissement de Paris, vers le milieu du mois de septembre, toute pensée, toute activité était tournée vers l'ennemi ; la situation intérieure ne comptait plus, toute vie semblait suspendue, il n'y avait plus que la défense. Mais une tension aussi forte ne saurait être de longue durée. Une population de deux millions d'âmes ne peut pas vivre comme une armée ; une foule de détails la rappellent chaque jour au sentiment de besoins très-divers, qui, pour n'avoir pas trait aux choses de la guerre, n'en sont pas moins impérieux. De ce nombre est l'éducation de l'enfance.

Que faire de ce peuple d'enfants parisiens, presque doublé par l'immigration des campagnes? Fallait-il prolonger indéfiniment l'oisiveté stérile qui le livrait à tous les périls de leur âge ? Déjà de toutes parts le sentiment public réclamait contre cet abus, et le Gouvernement de la défense ne fit que répondre au vœu général, lorsque, dans les derniers jours de septembre, il invita les maires à pourvoir au plus tôt à la réouverture des écoles, à s'occuper même d'en multiplier le nombre.

Les instituteurs communaux du XIe arrondissement avaient reçu de la mairie l'avis d'ouvrir leurs cours le lundi 3 octobre, et tous se préparaient à le faire, lorsque, le 30 septembre au soir, une affiche blanche vint étaler sur les murailles cette étrange notification :

« La municipalité du XIe arrondissement a décidé à l'unanimité « que, à partir de ce jour, l'enseignement donné aux enfants, dans « les écoles de cet arrondissement, sera purement laïque.

« Les instituteurs seront choisis en dehors des corporations reli- « gieuses.

« Un avis fixant le jour de l'ouverture des classes sera prochaine- « ment publié. »

Il y avait dans ces quelques lignes plus d'un sujet d'étonnement.

Avant tout, qu'était-ce que cette *municipalité?* Depuis le 4 septembre, Paris avait un maire siégeant à l'hôtel-de-ville. (Cette magistrature éphémère, disons-le en passant, aurait aussi bien fait de ne point naître, quelles que soient les fleurs dont le *Journal officiel* se plaisait naguère à orner sa tombe.) Le maire de Paris avait nommé, dans les vingt arrondissements, des maires et des adjoints provisoires. Le XIe arrondissement en était à son troisième magistrat depuis trois semaines. Mais jamais il n'avait été question, là ni ailleurs, d'une municipalité formant conseil, et pouvant *décider à l'unanimité* quelque chose. M. Mottu avait bien pu grouper autour de sa personne une commission de seize membres, pour s'occuper de boucherie, d'équipement ou de toute autre chose. Mais la volonté du citoyen-maire ne suffisait pas pour conférer à ce groupe d'individus les attributions d'un conseil municipal.

Mais que *décidait-elle*, cette *municipalité?* Elle décidait l'exclusion de toute une catégorie de citoyens des fonctions de l'enseignement public. Un vrai corps législatif n'eût pas fait davantage. Une loi d'incapacité, ce n'est pas mal pour un début.

Ainsi, la *municipalité* en question n'était rien, et elle parlait ; elle parlait pour faire une loi d'exclusion, et cette loi, elle la portait en opposition avec la loi existante.

Désormais, disait-elle, les instituteurs seront choisis en dehors des corporations religieuses.

Choisis, soit, mais choisis par qui? Par celui auquel la Loi défère le droit de nomination. Or, la nomination des instituteurs appartient au Préfet sur le rapport de l'inspecteur d'Académie (Loi du 14 juin 1854, art. 8). Le conseil municipal présente seulement une liste de trois candidats, et à Paris, vu l'absence de tout conseil municipal élu, c'est l'inspecteur d'académie chargé de l'enseignement primaire qui fait seul les présentations. Donc, la *municipalité* Mottu et compagnie, signifiait au pouvoir central qu'il eût à ne plus nommer que des laïques aux écoles du XIe arrondissement. Et si M. Jules Ferry et M. Étienne Arago, héritiers, au moins solidairement, des pouvoirs de l'ex-préfet de la Seine, eussent voulu user de leur droit pour nommer des congréganistes, la *municipalité* s'engageait à y contredire. Vit-on jamais plus étrange et plus audacieuse usurpation?

Cependant l'affiche blanche s'étalait tranquillement sur les murs, et le public ne semblait pas d'abord s'émouvoir de ce qu'elle contenait d'énormités.

Qu'allaient faire les instituteurs congréganistes en présence de cette mesure inattendue?

Le XIe arrondissement comptait quatorze établissements, neuf écoles et cinq asiles, confiés depuis des années par la ville à diverses congrégations religieuses des deux sexes. Tous les directeurs et bon nombre de maîtres étaient munis du brevet de capacité; des succès soutenus dans tous les concours venaient chaque année justifier la confiance des parents. Treize établissements laïques existaient d'ailleurs pour assurer la pleine liberté du choix; et, à la faveur de cette liberté, une préférence marquée des familles pour les écoles congréganistes assurait à celles-ci l'avantage d'être toujours les premières remplies, de compter même, sur les registres de la mairie, un très-grand nombre d'élèves expectants.

Telle était la situation qu'un arrêté sans nom, émané d'une commission sans mandat, venait brusquement anéantir.

Forts de leur droit, appuyés d'ailleurs sur l'avis officiel précédemment reçu, les Frères des écoles chrétiennes se préparaient, malgré tout, à ouvrir leurs classes le 3 octobre.

La mairie s'en doutait; aussi, dès le matin de ce jour, un piquet de gardes nationaux envahissait la cour de chacune des écoles; des hommes armés qui, plus d'une fois sans doute, suivant l'usage de leurs pareils, avaient trouvé bon d'insulter les *robes noires* en leur criant : *Un fusil! aux remparts!* trouvaient glorieux maintenant de quitter le rempart pour l'école et d'employer le fusil à garder les *robes noires!*

Bon nombre d'enfants se présentèrent en effet; mais, devant les baïonnettes, ils furent forcés de rétrograder.

Grand émoi des parents, étonnement général. C'est l'événement du jour : on en parle partout, ici pour se plaindre, là pour exalter le maire libre-penseur; mais, comme il arrive toujours quand le mal est le plus fort, c'est tout bas qu'on se plaint, c'est tout haut qu'on exalte: tel est, en France, le courage civique des honnêtes gens.

Que disait cependant le gouvernement?

Rien.

Quoi, rien? Mais la loi violée, les droits acquis foulés aux pieds, le maire de Paris compté pour rien, une mairie provisoire d'arrondissement devenue un petit empire, où l'on décrète, réforme, légifère, sans tenir aucun compte de l'autorité centrale? Oui, tout cela criait; mais le gouvernement n'entendait pas; et il se taisait; et il se serait tû longtemps encore, si l'opinion n'était venue secouer sa torpeur et lui imposer d'office une indignation qui ne lui était pas naturelle.

Le *Journal officiel* du lendemain (4 octobre) donnait, jusqu'à un certain point, l'explication de cette longanimité du pouvoir.

On y voyait paraître, en effet, un arrêté du maire de Paris, instituant, d'accord avec le ministre de l'instruction publique, une commission, siégeant à l'Hôtel-de-Ville, et chargée d'*examiner toutes les questions qui se rattachent à l'enseignement communal, à tous les degrés, dans la ville de Paris.*

Sur les vingt-cinq membres nommés (je ne parle pas ici des deux secrétaires) à peine s'en trouvait-il un ou deux qui ne fussent connus, pour leurs opinions ouvertement hostiles à l'enseignement religieux (1).

Et parmi ces vingt-cinq noms figurait celui de M. Mottu!

Ainsi, trois jours après qu'il avait attenté aux droit du Pouvoir, le Pouvoir l'appelait dans ses conseils, sur les matières même où l'usurpation avait été commise.

Entre amis, il faut se passer bien des choses!

Du reste, la commission ne perdit point de temps : il lui tardait, semble-t-il, de donner raison à M. Mottu.

Dès le 6 octobre, elle tenait sa première réunion, et, avant tout examen, comme point de départ de ses travaux, elle posait les quatre principes suivants :

L'enseignement est libre.

L'instruction primaire est obligatoire.

L'enseignement primaire, dans les écoles de l'État ou de la commune, est gratuit.

(1) Voici la liste des membres :

Président, M. Pelletan. — Vice-présidents, MM. Vacherot, Carnot, Ernest Laugier. — Membres : MM. Henri Brisson, Clémenceau, Taxile Delord, Despois, Dr Dujardin-Beaumetz, Émile Durier, Fr. Favre, Dr Hébert, Hérisson, Hérold, Lavertujon, Le Blond, Alb. Le Roy, Mahias, Marguerin, Henri Martin, Morel, Mottu, Dr Bouchet, André Rousselle, Ch. Sauvestre.

L'enseignement primaire, dans les écoles de l'État ou de la commune, est laïque.

On ne va pas plus vite en besogne. On ne fait pas plus aisément bon marché des droits acquis et des opinions bien connues d'une fraction considérable de la population.

En même temps qu'elle posait ces principes, la commission nommait une *sous-commission* pour examiner la situation des écoles primaires de Paris. Les membres étaient MM. Carnot, Despois, Morel, Mahias et Albert Le Roy. L'examen ne fut pas long. Le surlendemain, 8 octobre, la commission se réunissait de nouveau, et M. Albert Le Roy lisait, au nom de la sous-commission, un remarquable rapport, d'où se dégagent clairement les faits suivants.

D'après le recensement fait en juillet dernier par les maires des vingt arrondissements, l'enseignement communal laïque occupe à Paris 195 établissements, l'enseignement congréganiste 141 (54 de moins).

L'enseignement laïque s'adresse à 40,640 élèves des deux sexes, l'enseignement congréganiste à 41,681 (1,041 de plus).

L'enseignement laïque est donné par 337 maîtres et maîtresses, l'enseignement congréganiste par 548 (211 maîtres de plus).

Et cependant l'enseignement laïque, donné par moins de maîtres à un nombre d'enfants presque égal, coûte à la ville 966,300 francs par an, l'enseignement congréganiste 539,350 (426,950 francs de moins).

Cette différence tient au chiffre moins élevé des traitements alloués aux congréganistes, en raison des avantages de la vie commune et du célibat, au point de vue économique.

Pour remplacer les congréganistes par un nombre égal de maîtres laïques (et qui ne voit l'avantage de ne pas diminuer le nombre des maîtres?), il faudrait ajouter plus de 500,000 francs au budget communal de l'instruction primaire.

Passant ensuite à l'examen spécial des écoles du XIe arrondissement, le rapporteur y signalait un excès de 1,385 élèves des deux sexes en faveur des établissements congréganistes.

Il indiquait la situation particulière de trois grands établissements, que des clauses spéciales, annexées aux contrats qui les avaient fait passer aux mains de la ville, affectaient à l'enseignement congréganiste. « Les locaux de la rue Servan, de la rue Oberkampf et de la rue « Saint-Bernard, disait-il, ont été *acceptés* par la ville avec des charges « qu'il ne semble pas facile de repousser. »

Ainsi le seul arrondissement de Paris où les écoles congréganistes eussent été fermées, était celui-là même où la chose paraissait plus qu'ailleurs impossible.

Aussi, malgré ses préférences ouvertement avouées pour l'enseignement laïque, et bien qu'il proposât à la ville de Paris de ne plus confier à l'avenir d'établissement communal à aucune congrégation, le rapporteur ne pouvait s'empêcher de conclure en ces termes : « Les « difficultés qu'on vient d'exposer ont paru à la sous-commission de « nature à ne pas être immédiatement résolues, et à empêcher l'ap- « plication complète, pendant le siége, du principe de l'enseignement « laïque. »

Il est impossible d'exprimer plus clairement ses sympathies pour les idées et les tendances dont M. Mottu s'était inspiré dans ses actes irréguliers. Et cependant le droit était si fort qu'il arrachait au sympathique rapporteur, contre l'auteur de ces actes, une éclatante condamnation !

Évidemment, en face d'une injustice et d'une illégalité flagrante, le gouvernement allait parler.

Mais non. Les jours se passaient sans que l'autorité rompît le silence.

Heureusement, la conscience publique se chargea de le rompre.

Dès le 5 octobre, une affiche étalait sur les murs la protestation de deux prêtres qui, s'inspirant uniquement des intérêts du peuple et de l'enfance, signalaient aux ouvriers du XIe arrondissement la loi violée, les droits des familles foulés aux pieds : « Jusqu'ici, leur di- « saient-ils, vous avez eu la liberté du choix entre les écoles laïques « et les écoles congréganistes.... Demain, si l'injustice triomphe, vous « ne l'aurez plus.... Il faut des écoles laïques, mais il faut aussi des « écoles congréganistes, parce qu'il faut la liberté, parce qu'il faut la « justice, perce que nous ne voulons accepter des lèvres de personne « cette parole : Vous haïrez ce que je hais, et vous n'aimerez que ce « que j'aime... (1) »

Ce cri de la conscience outragée ne demeura pas sans écho ; divers organes de la presse ne tardèrent pas à y répondre. Du reste, M. Mottu se chargea lui-même d'attiser le feu de l'indignation publique, en poursuivant le cours de ses usurpations. Le 11 octobre, des maîtres et des maîtresses enlevés aux établissements laïques, où leurs services étaient nécessaires, venaient prendre possession des écoles et des asiles violemment enlevés aux Frères et aux Sœurs. On vit alors commencer l'étrange situation qui dure encore. Impuissant à révoquer

(1) Voir le texte entier de la protestation dans l'*Univers* du 6 octobre et dans le *Français* du 7.

des titulaires régulièrement institués, impuissant par là même à leur nommer des successeurs, M. Mottu avait pris sur lui de leur donner des suppléants, et, sous les yeux des titulaires, nombreux et capables, que la force condamnait à se croiser les bras, les suppléants, en nombre insuffisant, venaient faire inutile et incomplète besogne, au détriment d'autres écoles où leur place demeurait inoccupée.

En même temps, des *inspecteurs* et des *inspectrices* commissionnés par le maire (nouvelle irrégularité) entreprenaient dans la plupart des écoles une campagne odieuse et ridicule : les crucifix, les emblèmes religieux étaient enlevés des murailles ; les maîtres et les maîtresses, convoqués à la mairie, recevaient des instructions, qui à l'inconvénient de heurter de front toute convenance joignaient celui d'être en opposition formelle avec la loi sur l'enseignement primaire et le règlement spécial de la ville de Paris (1). On interdisait aux instituteurs de faire apprendre, dans les classes, le catéchisme et l'histoire sainte, et de conduire les enfants à l'Église pour la messe du dimanche, ou pour les exercices préparatoires à la première communion.

Si M. Mottu s'était proposé de mettre en évidence ce qu'il reste de croyances chrétiennes au cœur des populations ouvrières, ce qu'il survit de sentiments religieux dans la masse du public parisien, il avait, à coup sûr, pleinement réussi. Aucune mesure n'était mieux faite pour blesser au vif les pères et les mères de famille que cette guerre judaïque déclarée à l'image et à la doctrine du Christ. Ceux qui habitent le XIe arrondissement, et que des fonctions de dévoûment mettent en rapports journaliers avec le peuple, furent les premiers confidents des plaintes, les premiers témoins de l'indignation soulevée par l'impiété tracassière du maire iconoclaste. Mais bientôt, à la suite de deux lettres adressées à ce sujet aux journaux par M. le curé de Sainte-Marguerite (2), la protestation devint publique et universelle.

Cette fois, ce n'étaient plus seulement de nombreux organes de la presse, c'était la presse entière, si l'on excepte les feuilles de MM. Delescluze, Blanqui et Pyat, qui, d'une voix unanime, bien qu'au nom

(1) Voir, dans *l'Univers* du 16 novembre, un article sur *l'Enseignement religieux dans les écoles primaires.* — L'auteur, après avoir montré que l'enseignement de l'Etat et de la commune, en France, n'est pas athée et ne peut pas l'être ; que l'éducation *morale et religieuse* est classée, de par la loi, parmi *les principaux devoirs de l'instituteur;* rappelle les dispositions du *règlement pour les écoles publiques du département de la Seine*, dispositions qui *prescrivent* aux maîtres ce que M. Mottu prenait sur lui de leur *interdire.*

(2) 13 et 14 octobre.

de principes différents, flétrissait l'intolérance étroite et jalouse dont faisait preuve un magistrat provisoire, au mépris de la loi et des consciences. Citons, pour mémoire (1), le *Gaulois*, l'*Opinion nationale*, le *Soir*, le *Journal de Paris*, la *France*, la *Liberté*, le *Constitutionnel*, le *Paris-Journal*, l'*Electeur libre*, le *Journal des Débats*, le *Siècle*, le *National*, etc., sans oublier le *Figaro*, qui s'était déjà distingué parmi les réclamants de la première heure.

Sans doute, quelques-uns de ces articles (celui entre autres de M. Sarcey, dans le *Gaulois* du 16 octobre), s'inspiraient de sentiments dont nous n'avons pas à féliciter leurs auteurs. En prenant le parti des crucifix, du catéchisme et des robes noires, ces messieurs tremblaient de passer pour bigots, et, par précaution sans doute, émaillaient parfois leur prose de petites impiétés de bon goût. Mais tous attestaient l'existence d'un sentiment religieux très-vivace avec lequel il faut compter, et reprochaient sévèrement à M. Mottu d'avoir blessé ce sentiment, en même temps qu'il violait la loi au profit de ses passions personnelles. M. Legouvé, dans les *Débats* (16 octobre), plaidant la cause *du crucifix dans les ambulances* (2), et signait sa lettre : *Vice-président de la commission pour la statue de Voltaire.* Bref, il devenait clair que la cause de l'enseignement religieux se confondait, dans l'opinion publique, avec le respect des consciences; et M. Mottu, réduit aux applaudissements du parti démagogique, se voyait classé parmi les ennemis de la liberté.

Le maire de Paris ne s'était pas attendu à tout ce tapage. Devant la violation de la loi, il s'était tu; mais devant le soulèvement de l'opinion, il fallut, sinon parler, du moins agir. Le 18 octobre, M. Mottu fut révoqué, et remplacé, comme maire provisoire, par M. Arthur de Fonvielle. Le public sut gré au gouvernement de cette concession, les gens de bien se prirent à espérer le rétablissement des droits méconnus : M. Mottu et ses assesseurs semblèrent vouloir eux-mêmes confirmer ces espérances, en soulignant, dans une protestation violente, la cause de leur révocation. « Citoyens, disaient-ils, nous sommes ré-« voqués ! Révoqués parce que nous avons voulu, dans nos écoles « communales, l'enseignement laïque qui fait les citoyens, et parce

(1) Voir *Siècle*, 17 octobre; *Gaulois*, 16 octobre; *Opinion nationale*, 17; *Liberté*, 18; *Soir*, 18; *National*, 18; *Débats*, 16; *Constitutionel*, 13; *Opinion nationale*, 14; *Paris-Journal*, 14; *Electeur libre*, 16; *France*, 14; *Figaro*, 8 et 17; *Patrie*, 11; *Français*, *Univers*, *Gazette de France*, *passim*.

(2) Le zèle de M. Mottu avait poursuivi l'emblème sacré jusque dans les ambulances municipales et les cantines de secours.

« que nous avons repoussé l'enseignement congréganiste qui forme « les esclaves. »

Du reste, il était bien temps qu'un désaveu public de l'autorité vînt arrêter des entreprises qui n'auraient pas manqué de se reproduire avant peu dans d'autres arrondissements. Le choix de M. Etienne Arago, comme maire de Paris, les choix faits par M. Arago pour les mairies d'arrondissement, demeureront, entre tant de côtés faibles, les actes les plus malheureux et les moins honorables du gouvernement du 4 septembre. Déjà, dans le IIIe arrondissement, M. Bonvalet avait eu lieu de montrer que les lauriers de Mottu l'empêchaient de dormir. A défaut d'une *commission municipale*, il avait formé une *commission des écoles*, qui, dans sa séance du 8 octobre (1), « prononçait la suppression de l'enseignement communal congréganiste, et, « sans vouloir en aucune façon gêner la liberté de l'enseignement, « déclarait confier désormais aux seuls instituteurs laïques l'éducation publique des enfants des deux sexes. »

C'est-à-dire que M. Bonvalet et sa commission s'attribuaient à leur tour, et contre la loi, la nomination et la révocation des instituteurs.

En même temps le maire conviait « les instituteurs et les institutrices laïques qui voudraient entrer dans les écoles communales à « se présenter à la mairie. » Là des examens odieux mettaient les candidats en demeure de nier Dieu, la Providence, le fondement religieux de la morale : des jeunes gens et des jeunes filles capables étaient refusés, pour n'avoir pas conformé leurs réponses aux principes du positivisme.

Evidemment M. Bonvalet préparait son personnel et n'attendait qu'une occasion pour remplacer à son tour les Frères et les Sœurs. Ce qui ne l'a pas empêché de dire, quelques jours plus tard, qu'il songeait seulement à ouvrir de nouvelles *écoles laïques*, nullement à supplanter les congrégations. Certains hommes publics ont la mémoire courte (2).

Des tendances analogues se faisaient jour, vers le même temps, dans les IVe, XIVe et XVIIIe arrondissements, sous l'influence des maires Greppo, Ducoudray et Clémenceau.

Bref, il devenait évident que certains hommes profitaient de la crise que traversait le pays pour introduire subrepticement dans l'enseignement primaire les réformes de leur goût. Certes, il y avait lieu de s'étonner que ces hommes eussent été investis de la confiance du maire de Paris, que le plus audacieux d'entre eux eût reçu, dans un

(1) Voir l'*Univers* du 12 octobre.

(2) Voir *Univers* du 24 octobre, Lettre de M. Bonvalet.

document public, pour des faits, il est vrai, étrangers à la gestion scolaire, les éloges de M. Arago (1). Mais enfin, il venait d'être révoqué. Tout allait donc changer de face.

C'est ici que la surprise augmente. La nomination de M. Arthur de Fonvielle à la mairie du XIe arrondissement, est du 18 octobre, l'élection qui l'écarta est du 5 novembre. Dans ces trois semaines d'administration, le successeur de M. Mottu ne fit rien, ne dit rien qui pût justifier l'attente générale. De sa part, nous le savons, cette abstention ne signifiait pas l'approbation des mesures violentes qui avaient amené la chute de son prédécesseur. Ses dispositions à l'égard de l'enseignement congréganiste tenaient moins, semble-t-il, de l'hostilité que de l'indifférence. Mais il avait un mandat, et ce mandat, il nous est permis de l'interpréter par sa conduite. Nous sommes obligés d'avouer que cette interprétation ne fait pas honneur au gouvernement. Dupe ou complice, il n'importe : l'autorité avait laissé violer la Loi ; contrainte par l'opinion, elle avait fait tardive justice en révoquant le violateur ; puis, escomptant sans doute la légèreté du public, elle s'était flattée qu'un changement de personnes fermerait la bouche aux plaignants, sans qu'il fût besoin d'aller jusqu'au rétablissement des choses. Destitué à grand fracas pour avoir supprimé les écoles congréganistes, M. Mottu, du sein de sa retraite, voyait subsister son œuvre, et pouvait se réjouir d'avoir montré plus d'audace dans l'injustice que le Pouvoir ne faisait paraître de courage dans la réparation.

Vraiment, après tant de preuves de sa débilité, cette nouvelle faiblesse du gouvernement avait de quoi surprendre. Et, maintenant encore, on a peine a se l'expliquer, et, malgré soi, l'on est tenté de soupçonner dans l'esprit de certains ministres de secrètes connivences avec les auteurs des actes racontés plus haut.

Les rapprochements, du reste, ne manquent pas pour accréditer cette hypothèse.

Comment oublier la défiance tant de fois exprimée par M. Jules Simon, dans ses écrits, à l'endroit de l'enseignement congréganiste (2); la composition de la *commission scolaire* exclusivement recrutée parmi les adversaires de cet enseignement ; l'empressement au moins singulier de ce ministre à créer, à Paris, sans même attendre la fin du siége, deux écoles normales d'instituteurs et d'institutrices (3), desti-

(1) Dans une lettre publique, M. Arago appelle M. Mottu : *Ce digne maire.*

(2) Cf. le livre de *l'École.*

(3) Voir *Journal officiel* du 14 octobre.

nées « à nous donner plus tard, avec des citoyens, des épouses et des « mères républicaines ; » la nomination d'un comité de dames, chargé d'examiner *les questions relatives à l'instruction des femmes et aux salles d'asile* (1), et dont le personnel n'a que trop d'éléments communs avec celui des fameuses *écoles professionnelles de jeunes filles*, ces créations chéries de M. Jules Simon (2) ; les visites et les encouragements solennels dont MM. Jules Simon et Jules Favre trouvaient bon naguère d'honorer les créations analogues de M. Bonvalet (3) ; enfin, comme pendant à la révocation de M. Mottu, la nomination de M. Asseline à la mairie du XIVe arrondissement, alors que les relations anciennes, la collaboration à une même œuvre de secte (4), la communauté de vues et de tendances entre ces deux hommes était un fait notoire ?

Non, il n'est pas facile d'oublier ces choses, et, à moins de les oublier, il n'était pas aisé de croire à la sincérité parfaite du ministre et du maire central qui révoquaient un agent pour cause d'abus de pouvoir, et envoyaient à sa place un autre agent pour maintenir et sanctionner cet abus.

De deux choses l'une : Ou le gouvernement approuvait, au fond, M. Mottu, ou il le blâmait ; s'il l'approuvait, en le révoquant il a reculé devant l'opinion conservatrice et libérale ; s'il le blâmait, en ne défaisant pas son œuvre il a reculé devant la colère du parti démagogique. Dans les deux cas, il a reculé ; il a substitué à la politique des convictions la politique de la peur, il a jeté aux partis opposés comme une provocation d'audace, promettant d'avance au plus hardi l'encouragement de son silence et la garantie de l'impunité : comme toujours, c'est le parti injuste et violent qui a bénéficié de cette mollesse du pouvoir.

Quinze jours se sont écoulés, M. de Fonvielle, chargé de contenter tout le monde, n'a contenté personne. Voici venir la journée du 31 octobre, bientôt suivie du plébiscite et des élections municipales. A peine raffermi sur sa base par les 500,000 voix du 3 novembre, le

(1) Voir l'*Officiel* du 21 octobre et celui du 13 novembre.

(2) On sait que tout enseignement religieux est exclu de ces écoles. Les dames nommées pour constituer le comité en question sont ou les directrices et patronesses des écoles professionnelles, ou les femmes des membres de la commission d'enseignement.

(3) Il s'agit de cours normaux institués le 12 novembre dans le IIIe arrondissement. (V. *l'Univers* du 15 novembre.)

(4) L'*Encyclopédie positiviste*.

Gouvernement éprouve le besoin de risquer une partie nouvelle. Ce fut alors que plus d'un arrondissement se chargea de lui révéler les inconvénients d'une politique double et d'une conduite indécise. Les gens de bien, justement inquiets, ne votèrent pas pour les candidats sortants, et, faute d'avoir des candidats à eux, dans plusieurs arrondissements ils ne votèrent pas du tout; les vaincus du 3 novembre saisirent avidement cette occasion de prendre leur revanche : l'abstention du parti de l'ordre, l'infirmité du parti régnant leur rendirent la victoire aisée, et c'est ainsi que le *suffrage universel*, au surlendemain du vote qui acclamait le Pouvoir, lui infligea, comme un défi, l'élection des Mottu, des Delescluze et des Ranvier.

Et, maintenant, ce qui n'était que provisoire a pris apparence de durée, et les injustices commises ont reçu d'un scrutin menteur (1) une regrettable confirmation.

En ce qui touche les droits de l'enseignement congréganiste et le devoir de l'enseignement religieux, la situation va-t-elle demeurer ce que M. Mottu, maire provisoire, l'avait faite, ce que son successeur provisoire l'avait laissée, ce que M. Mottu, maire élu, annonce, plus haut que jamais, l'intention de la maintenir?

Telle est la question qui vient naturellement à l'esprit, après les déplorables élections du 5 novembre.

Jaloux d'en connaître la solution, les curés des trois paroisses (2) intéressées prirent le parti d'adresser au Ministre de l'Instruction publique un *mémoire* relatif à la situation des établissements congréganistes du XIe arrondissement. Après un court exposé des faits, les signataires faisaient ressortir, dans les actes de M. Mottu, une triple atteinte portée à la légalité, à l'équité, aux consciences; ils montraient la loi méconnue, les contrats comptés pour rien, les parents mis hors d'état de choisir pour leurs enfants, sous le bénéfice de la gratuité, un enseignement conforme à leurs croyances; enfin, ils signalaient le remède dans un simple retour au droit, et réduisaient à néant l'objection tirée de craintes chimériques; car les entreprises d'un maire fanatique d'impiété n'ont pas eu le pouvoir d'enlever aux Frères et aux Sœurs les sympathies populaires, prix de longues années de dévoûment.

(1) Ce n'est pas sans raison qu'on appelle ce scrutin un scrutin menteur. En effet, dans le XIe arrondissement, par exemple, les 12,000 abstentions, jointes aux 9,000 voix de M. de Fonvielle, opposaient 27,000 volontés au retour de M. Mottu, et cependant M. Mottu redevient maire avec 5.000 voix de majorité!

(2) Sainte-Marguerite, Saint-Ambroise et Saint-Joseph (cette dernière paroisse est située sur le Xe arrondissement, mais elle a deux grandes écoles sur le XIe).

Il y avait lieu d'espérer que cet appel à la justice serait entendu, que le gouvernement allait saisir cette occasion de montrer qu'une majorité éclatante l'avait rendu fort contre le désordre et l'arbitraire. Espérer cela, c'était, paraît-il, présumer trop de la sagacité ou de la fermeté d'un Pouvoir tant de fois convaincu d'imprévoyance ou de faiblesse.

Appelés à l'Hôtel-de-Ville, les auteurs du mémoire n'eurent pas l'avantage de voir en personne M. Jules Simon; l'inspecteur de l'Académie chargé de l'enseignement primaire avait mission de leur communiquer la réponse ministérielle. On peut la résumer ainsi : « Vous avez cent fois, mille fois raison, mais il est plus prudent d'agir comme si vous aviez tort. Ce que le maire a osé faire, nous, Gouvernement, nous n'avions même pas le droit de l'accomplir, mais nous, Gouvernement, nous *n'osons* pas le défaire. » Le tout appuyé de paroles bienveillantes, de regrets touchants et de raisons de prudence familières aux pouvoirs infirmes et aux volontés défaillantes.

Au lendemain de la première entreprise de M. Mottu, le Supérieur général des Frères des écoles chrétiennes avait déjà fait parvenir à M. Jules Simon, dans une lettre admirable, l'éloquente revendication des droits méconnus, et le Ministre l'avait appelé aussitôt pour lui promettre, s'il voulait patienter et se taire, une prompte réparation. Après six semaines marquées par de nouvelles injustices, la réparation n'était pas venue, et trois prêtres, pasteurs des âmes, n'obtenaient même plus les promesses vagues et dilatoires dont on avait bercé le Frère Philippe. L'usurpation s'abritait en paix derrière le retranchement des *faits accomplis!*

Quelle sera maintenant, en face de cette iniquité triomphante, l'attitude des catholiques ? Vont-ils chercher les moyens de pousser plus loin encore une revendication légale qui semble condamnée d'avance par le mauvais vouloir ou l'impuissance du Gouvernement? Ou, prenant leur parti d'une situation violente qui leur enlève leurs principaux moyens d'action sur le peuple et sur l'enfance, vont-ils oublier tout le passé, pour ne plus demander désormais qu'à l'enseignement libre, aux efforts de la concurrence, une part d'influence que les conditions inégales de la lutte rendront longtemps encore insuffisante ? Chassés d'écoles publiques bâties pour eux, agrandies par eux, longtemps servies et accréditées par leurs soins, devront-ils payer, par l'impôt, l'enseignement athée qui va s'y donner, et supporter en même temps toutes les charges que la fondation et l'entretien d'écoles confessionnelles feront peser sur eux seuls? Nous ne saurions leur conseiller de donner si promptement cette satisfaction à leurs ennemis. Quelques personnes, il est vrai, pourront regarder la tentative isolée de M. Mottu comme le signal d'une révolution plus générale dans l'enseignement primaire; l'époque troublée que nous traversons donne de la vraisemblance à toutes les hypothèses, de la probabilité à toutes les chimères, des chances de succès à toutes les injustices. L'esprit français aime les théories absolues, l'impétuosité française profite volontiers des moments de crise pour en précipiter l'application. Il se trouvera peut-être plus d'un homme honnête et sincèrement libéral pour appuyer de son vote, dans la prochaine assemblée, le principe qui exclut l'élément religieux de l'enseignement public; se trouvera-t-il, d'autre part, une majorité assez clairvoyante pour comprendre ce qu'il y a de chimérique dans un enseignement, qui, au nom du principe invoqué, devrait écarter l'idée de Dieu, et, au nom de l'honnêteté publique, devrait maintenir le fondement de la morale; qui, au nom de la neutralité religieuse, devrait taire le nom du Christ et le rôle de l'Eglise, et, au nom du bon sens, rendre compte de la place vide laissée par cette omission dans la continuité de l'histoire? Pour notre part, nous n'en doutons pas. Tandis que l'Amérique, instruite par la pratique de toutes les libertés, se rapproche chaque jour, dans l'enseignement public, du principe religieux qu'elle n'a jamais abdiqué dans ses mœurs, la France, qui ne veut pas être confondue avec le Paris du 31 octobre, ne se lancera pas à plaisir dans des expériences aventureuses pour son repos, compromettantes pour sa dignité et sa grandeur. D'ailleurs, n'est-ce point faire trop d'honneur à la révolution présente que de lui prêter des vues d'ensemble et un programme à longue portée? Elle pourrait bien aboutir, à force d'avortements et d'impuissance, à la restauration banale d'un état de choses peu différent de celui qu'elle a voulu renverser. Dans ce cas, l'enseignement chrétien continuera à bénéficier d'une situation qui n'est pour lui ni la meilleure, ni la pire. Alors les entreprises de M. Mottu et de ses pareils disparaîtront bien vite dans l'oubli. Mais, quelle que soit l'issue de la crise actuelle, les hommes qui nous gouvernent n'auront pas droit à l'indulgence de la postérité. Non; les ministres qui ont laissé outrager la loi; les magistrats qui ont assisté, silencieux, à la consommation de l'injustice; les défenseurs de l'ordre qui ont su bon gré à la Révolution d'avoir servi sous main leurs passions irréligieuses, ceux-là n'échapperont pas à un jugement sévère. Quand ils seront tombés, l'histoire, si elle daigne s'occuper d'eux, marquera leur place parmi ceux qui ont trahi la cause du progrès, de la justice et de la liberté.

PARIS. — IMPRIMERIE VICTOR GOUPY, RUE GARANCIÈRE, 5.

www.ingramcontent.com/pod-product-compliance
Ingram Content Group UK Ltd.
Pitfield, Milton Keynes, MK11 3LW, UK
UKHW032040260826
14628UKWH00007B/3086

9 782013 578011